KLOSTERWEISHEIT

Jeremias Schröder

KLOSTER WEISHEIT

Inspirationen zum Wesentlichen

HERDER
FREIBURG · BASEL · WIEN

LESEZEIT

»In diesen Tagen der Fastenzeit erhält jeder ein Buch aus der Bibliothek, das er von Anfang bis Ende lesen soll.«
Benediktusregel 48,15

Der begrenzte Raum des Klosters bekommt durch die Bibliothek Öffnung und Weite. In den Büchern ist zugänglich, was Menschen vor langer Zeit oder in weiter Ferne entdeckt, gedacht, geträumt haben. Benedikt von Nursia gönnt seinen Mönchen mehrere Stunden Lesezeit am Tag, die »Lectio«. Diese Lectio ist nicht ein schnelles Hineinfressen von Inhalten oder ein rasches Nachschlagen. Lectio ist ein betrachtendes Lesen, das immer wieder über den gleichen Stoff hergeht und ihn noch einmal »zerkaut«. Lectio spürt jedem Wort und jedem Satz nach und sucht das Übersehene, das sich erst beim zweiten oder dritten Lesen erschließt.

CHARISMA UND STRUKTUR

»Sie dienen unter Regel und Abt.«
Benediktusregel 1,2

Dieses »Dienen« heißt bei Benedikt militare – eigentlich Kriegsdienst. Das christliche Mönchsleben besteht nicht aus devoter Servilität, es fordert den Einsatz des ganzen Menschen und es ist Kampf. Der Rahmen wird zweifach bestimmt: durch eine Regel als gemeinsame Grundlage für alle und dadurch, dass der Abt dafür sorgt, dass dieses Leben nicht zur mechanischen Routine wird. Die Versuchungen sind die gleichen, auch jenseits der Klostermauern: leere Routine oder geistliches Leben als ein geistgefüllter und immer lebendiger Kampf.

REIFE BESTÄNDIGKEIT

»Seine Reife lasse ihn nicht herumstreunern.«
Benediktusregel 66,1

Hier ist vom Pförtner des Klosters die Rede. Kein Vagabund, den man erst suchen muss, wenn sich ein Gast nähert, sondern einer, auf dessen Gegenwart Verlass ist. Das ganze Kloster ist ja als beständig gedacht, als verlässlich und stabil. Auch der einzelne Mönch soll so sein. Das erste Gelübde, das die Benediktiner ablegen, heißt darum auch »Stabilität«, Beständigkeit. Der Mönch soll nicht hin- und hergetrieben sein von Leidenschaften und Begierden, vom Ego und dem Streben nach Anerkennung. Was Benedikt da pragmatisch zeichnet, hat Blaise Pascal für alle Menschen formuliert: »Das meiste Unglück kommt daher, dass die Menschen es nicht still zu Hause aushalten.«

Santa
de La Rabida

AUF ANDERE HÖREN

»Dass aber alle zur Beratung zu rufen seien, haben wir deshalb gesagt, weil der Herr oft einem Jüngeren offenbart, was das Bessere ist.« Benediktusregel 3,13

Der Abt beruft den Rat der Mönche ein – das Kapitel –, wenn es Wichtiges zu entscheiden gilt. Dabei soll jeder zu Wort kommen können, auch der Jüngste. Es war im 6. Jahrhundert nicht gerade selbstverständlich, auf Jüngere zu hören; Alter zählte immer mehr als Jugend. Im Kloster weiß man: Weisheit kommt manchmal von unerwarteter Seite. Die Scheuklappen und blinden Flecken, die es wohl in jeder Zeit und jeder Kultur gibt, müssen offensichtlich werden, damit das Ganze gesehen und verstanden werden kann.

VERSCHIEDENHEIT

»Jeder hat seine Gnadengabe von Gott, der eine so, der andere so.« Benediktusregel 40,1

Von außen sehen die Klosterbewohner eher gleichgeschaltet aus: Kleidung, Disziplin und Bräuche – alles scheint einheitlich zu sein. Blickt man einmal hinter die Kutten, so erstaunen die Vielfalt und Verschiedenheit. Sie sind kein Systemdefekt, sondern im Gegenteil: Sie sind gewollt und bejaht. Immer wieder schärft Benedikt von Nursia dem Abt ein, dass er auf die Bedürfnisse und Schwächen der Einzelnen Rücksicht nehmen muss. Er soll der Eigenart vieler Menschen dienen.

Jeder, der mit Menschen umgeht, muss das lernen: Verschiedenheit ist nicht nur ein Problem, das es abzuhobeln gilt. Sie ist, im besten Fall, Ausdruck der vielen Dinge, die Gott in unsere Welt gelegt hat, sie ist eine Gnadengabe.

SO GEHT'S ABER NICHT

»Die vierte Art der Mönche sind die sogenannten Gyrovagen. Ihr Leben lang ziehen sie landauf landab und lassen sich für drei oder vier Tage in verschiedenen Klöstern beherbergen. Immer unterwegs, nie beständig, sind sie Sklaven der Launen ihres Eigenwillens und der Gelüste ihres Gaumens. Besser ist es, über den erbärmlichen Lebenswandel all dieser zu schweigen als zu reden.« Benediktusregel 1,10-12

In diesen Worten wird eine Karikatur des schlechten Mönchs gezeichnet: unstet, arbeitsscheu, dem Eigenwillen und der Gaumenlust unterworfen. Schon vor 1500 Jahren haben diese Zeilen die Leser wahrscheinlich belustigt. Doch in diesem Zerrbild werden im Grunde schon die wesentlichen Themen des Lebens sichtbar: Ordnung, Beständigkeit und Selbstbeherrschung. Ohne diese Tugenden geht es bis heute nicht.

PARADOXER GEHORSAM

»Das Gut des Gehorsams sollen alle nicht nur dem Abt erweisen. Die Brüder müssen ebenso einander gehorchen; sie wissen doch, dass sie auf diesem Weg des Gehorsams zu Gott gelangen.«

Benediktusregel 71,1-2

Bei diesem Gehorsam hat Benedikt nicht das gute Funktionieren des Klosters im Auge. Es geht vielmehr um das Ziel des Lebens, um den Weg zu Gott, der im Ge-Horchen, im Aufeinander-Hören sichtbar wird. Benedikt misstraut dem Eigenwillen, den subjektiven Wünschen und Vorstellungen des Einzelnen. Wenn sich ein Mensch hingegen dem unterwirft, was von außen an ihn herangetragen wird, dann öffnet er sich dem Willen Gottes und wird wirklich frei.

BETEN UNTER TRÄNEN

»Wir sollen wissen, dass wir nicht erhört werden, wenn wir viele Worte machen, sondern wenn wir in Lauterkeit des Herzens und mit Tränen der Reue beten. Deshalb sei das Gebet kurz und lauter; nur wenn die göttliche Gnade uns erfasst und bewegt, soll es länger dauern.« Benediktusregel 20,3-4

Auch im Kloster gibt es Zeitverschwender: Menschen, die ganz zufrieden sind, wenn sie für sich in der Kirche sitzen und die Gedanken schweifen lassen können – und andere sich um die notwendigen Alltagsdinge kümmern. Wie wohl die meisten Menschen zeigt Benedikt dafür keine Sympathie. Wer beten will, der tue das innig, mit reinem Herzen, womöglich unter Tränen. Viele Worte – ob spirituelles oder sonstiges Geplapper – stehlen allen nur Zeit.

HEILIGER ALLTAG

»Alle Geräte und den ganzen Besitz des Klosters betrachte er wie heilige Altargefäße.« Benediktusregel 31,10

Dieser Satz ist für den Cellerar bestimmt, den Verwalter des Klosters. Und bei den Gerätschaften, von denen hier die Rede ist, darf man ruhig an Kehrbesen und Mistgabeln denken. Sie werden mit dem Kostbarsten verglichen, was ein Kloster besitzt, mit den Schätzen der Sakristei, die im Gottesdienst verwendet werden. Wer in der Alltagsarbeit eine solche Kostbarkeit sehen kann, für den wird sie strahlend und bekommt große Würde. Sie ist nicht länger lästige Mühsal, sondern sie wird heiliger Dienst und Mitarbeit an der göttlichen Schöpfung.

ACHTSAMES ESSEN

»Es herrsche größte Stille. Kein Flüstern und kein Laut seien zu hören, nur die Stimme des Lesers. Was sie aber beim Essen und Trinken brauchen, sollen die Brüder einander so reichen, dass keiner um etwas bitten muss.« Benediktusregel 38,5-6

Das ist vielleicht die sonderbarste Erfahrung, die man als Gast im Kloster machen kann: statt des dahinplätschernden Tischgesprächs Konzentration auf eine Lesung, die in die Stille hinein erklingt, und Achtsamkeit auf das, was der andere vielleicht noch benötigt. Schließlich ist die Mahlzeit auch eine Übung der Achtsamkeit auf das, was man gerade isst. Solche Achtsamkeit ist weit entfernt von einer ängstlichen Fixierung auf den eigenen Teller – sie bezieht immer auch die anderen mit ein. Jede Mahlzeit ist Anlass zur Weitung des Herzens und damit auch ein Anklang an die Kommunion.

GEGENSEITIGER DIENST

»Die Brüder sollen einander dienen. Keiner werde vom Küchendienst ausgenommen, es sei denn, er wäre krank oder durch eine dringende Angelegenheit beansprucht; denn dieser Dienst bringt großen Lohn und lässt die Liebe wachsen.«
Benediktusregel 35,1

In der Kirche wird gern und oft vom Dienst gesprochen – ihr Stifter hat ja seinen Jüngern gedient und ihnen aufgetragen, dies zu seinem Gedächtnis zu tun. Das geschieht im erhabenen Ritual, aber mehr noch in der alltäglichen Verwirklichung. Im Kloster wird das besonders im Wochendienst als Tischdiener sichtbar. Er trägt Sorge, dass alles auf den Tisch kommt und wieder abgetragen wird, dass jeder Einzelne bekommt, was er braucht, und bei allem auch das Stillschweigen noch gewahrt bleibt. Bei dieser Arbeit kommt man durchaus auch mal ins Schwitzen. Es ist alltäglich und zugleich erhaben, aber das merkt man erst hinterher. Und das gilt nicht nur für die Arbeit des Tischdienstes.

Steinberger
Steinberger
Steinberger
Steinberger
Steinberger
Steinberger
Steinberger
Steinberger
Steinberger

WEIN FÜR MÖNCHE?

»Jeder hat seine Gnadengabe von Gott, der eine so, der andere so. Deshalb bestimmen wir nur mit einigen Bedenken das Maß der Nahrung für andere. Doch mit Rücksicht auf die Bedürfnisse der Schwachen meinen wir, dass für jeden täglich eine Hemina Wein genügt. Wem aber Gott die Kraft zur Enthaltsamkeit gibt, der wisse, dass er einen besonderen Lohn empfangen wird.«

Benediktusregel 40,1-4

Für den Italiener Benedikt ist Wein ziemlich selbstverständlich, auch wenn ihm die Gefahren deutlich vor Augen stehen. Bewundernswert ist seine Zurückhaltung: Er regelt ungern solche Dinge, die wesentlich von Personen abhängen. Das Maß des Weines, die Hemina, ist schon lange verloren und die Äbte und Mönche müssen sich heute mit anderen Regeln behelfen. Die Hauptverantwortung aber kommt dem Einzelnen zu. Sich auf Ordnungen herausreden ist nichts anderes als eine Ausrede. Am Schluss müssen wir für unser Leben selbst geradestehen.

KEINE PLATZHIRSCHE

»Alle nehmen den Platz ein, der ihrem Eintritt entspricht. Wer zum Beispiel zur zweiten Stunde des Tages gekommen ist, muss wissen, dass er jünger ist als jener, der zur ersten Stunde des Tages gekommen ist, welches Alter oder welche Stellung er auch haben mag.« Benediktusregel 63,7-8

Reihenfolge spielt keine Rolle – das ist leicht gesagt und doch oft schwer zu akzeptieren, denn wer wollte nicht der Erste sein? Selbst in der Demut lässt sich wetteifern. Wirklich gleichgültig wird eine Rangfolge dort, wo sie einerseits feststeht und andererseits auf Kriterien beruht, die keine große Bedeutung haben wie zum Beispiel der Moment des Eintritts. Jeder weiß, wo er hingehört, keiner muss mehr kämpfen oder weichen. Gerade weil die Rangfolge so starr ist, wird sie unwichtig. Energie und Emotionen bleiben für Wichtigeres frei.

OHNE VORBEHALT

»Der erste Schritt zur Demut ist Gehorsam ohne Zögern.«
Benediktusregel 5,1

Das alte Beispiel des Gehorsams ohne Zögern ist der im Skriptorium über einen Kodex gebeugte Mönch, der, als er die Glocke zum Gottesdienst vernimmt, den Federkiel sinken lässt und sich auf den Weg macht zum Gebet, ohne auch nur den letzten Buchstaben zu Ende zu schreiben. Wohl jeder Mensch kennt den inneren Vorbehalt, mit dem er auf eine Bitte reagiert und eine halbe Sekunde zu lang überlegt, ob sich nicht ein Grund zur Ablehnung finden lässt. Ein schnelles »Ja, gerne« ist die beste Antwort.

KLAUSUR

»Das Kloster soll, wenn möglich, so angelegt werden, dass sich alles Notwendige, nämlich Wasser, Mühle und Garten, innerhalb des Klosters befindet und die verschiedenen Arten des Handwerks dort ausgeübt werden können. So brauchen die Mönche nicht draußen herumlaufen, denn das ist für sie überhaupt nicht gut.« Benediktusregel 66,6-7

Die ersten Mönche versuchten durch ihr abgeschiedenes Leben in der Wüste den störenden Lärm der Menschen fernzuhalten. Benedikt dagegen gründet Klöster inmitten der Zivilisation. Die Mönche leben nicht mehr fern von den Menschen; Gäste, Pilger und viele mehr sind willkommen. Der innere Raum des Klosters wird jetzt durch eine gemauerte Klausur geschützt, die Stille und Sammlung erlaubt und Ablenkung vermeidet. Nicht alle können so leben, aber eine Klausur des Herzens braucht jeder Mensch – Zeiten und Orte der Stille und des Schweigens, in denen das Wesentliche zum Erklingen kommt: die Leere und die Fülle.

HARMONIE

»Beim Psalmensingen stehen wir so, dass Herz und Stimme in Einklang sind.« Benediktusregel 19,7

Ob einer schön singt, interessiert den heiligen Benedikt nicht besonders. Aber dass er mit ganzem Herzen dabei ist, das ist ihm wichtig. Das Psalmengebet, ein paar Stunden jeden Tag, könnte leicht leere Routine werden, ein geplappertes Pensum, das eben absolviert werden muss. Dabei soll etwas ganz anderes erbracht werden: Der Beter soll im Nachkosten der uralten Psalmen Herz und Stimme, Körper und Geist in Einklang bringen und dabei die Gegenwart Gottes wieder spüren. Wer mit ganzem Herzen bei einer Sache ist, der ist mit sich und der Welt im Einklang.

GUTES REDEN

»Wenn der Abt lehrt, halte er sich immer an das Beispiel des Apostels, der sagt: ›Tadle, ermutige, weise streng zurecht.‹ Das bedeutet für ihn: Er lasse sich vom Gespür für den rechten Augenblick leiten und verbinde Strenge mit gutem Zureden. Er zeige den entschlossenen Ernst des Meisters und die liebevolle Güte des Vaters.« Benediktusregel 2,23

Schweigen ist den Mönchen wichtig. Aber die größere Sorge gilt dem Reden, und zwar dem guten Reden: Worte, die aufbauen, die ermutigen und gegebenenfalls auch korrigieren. Anderswo wird dem Verwalter des Klosters ans Herz gelegt, ein gutes Wort zu finden, gerade auch wenn er die unvernünftige Bitte eines Mönchs ablehnen muss. Die gute Rede verbindet und überbrückt; sie übersetzt abstrakte Liebe in einen konkreten Alltag – nicht nur im Kloster!

SCHLECHTES REDEN

»Vor allem darf niemals das Laster des Murrens aufkommen, in keinem Wort und keiner Andeutung, was auch immer als Anlass vorliegen mag.« Benediktusregel 34,6

Der Inbegriff des schlechten Redens ist das Murren, verborgene und zersetzende Rede: Sie ist subversiv und bleibt im Untergrund. Der anonym Murrende nennt weder Ross noch Reiter; er infiziert andere mit einem Gift, das sich schleichend fortpflanzt – gesichtslos, aber effektiv. Urgrund des Murrens ist die Unzufriedenheit. Die Gefahr lauert überall, wo Menschen eng zusammenleben. Fünfmal wendet sich allein die Benediktusregel gegen dieses Laster. Hat sie nicht recht? Das heimliche Nörgeln zerstört. Das offene Wort, auch das kritische, baut auf.

OHNE GRINSEN

»Albernheiten aber, müßiges und zum Gelächter reizendes Geschwätz verbannen und verbieten wir für immer und überall. Wir gestatten nicht, dass der Jünger zu solchem Gerede den Mund öffne.« Benediktusregel 6,8

Ätzender Spott und frivole Scherze stellen eine falsche Kameraderie her, die ein Wir-Gefühl stärkt, das ausschließt statt zu öffnen. Auch Mönche lachen gerne und erstaunlich oft. Aber sie versuchen ernst zu nehmen, dass der Humor aufbauen und nicht verletzen soll. Ein guter Witz lässt Humanität durch seine Ritzen scheinen und macht vielleicht sogar ein wenig demütig.

SCHLECHTES SCHWEIGEN

»Wenn jemand bei irgendeiner Arbeit, in der Küche, im Vorratsraum, bei einem Dienst, in der Bäckerei, im Garten oder sonst irgendwo einen Fehler macht oder etwas zerbricht oder verliert oder irgendwo etwas verschuldet und nicht unverzüglich kommt, um von sich aus vor Abt und Gemeinschaft Buße zu tun und seinen Fehler zu bekennen, sondern wenn sein Fehler durch einen anderen bekannt wird, dann treffe ihn eine schwerere Strafe.« Benediktusregel 46,14

Schweigen ist nicht dasselbe wie Verschweigen. Wenn aus wohlwollendem Schweigen ein karges Sich-Anschweigen wird oder ein Nicht-mehr-Reden können, dann verwandelt sich die Gemeinsamkeit zur Fassade, durch die kaschiert wird, dass die Seele allmählich stirbt. Wer offen zu einem Fehler stehen kann, wird frei; wer meint, ihn verschweigen zu müssen, bestraft sich damit selbst.

JUGENDWAHN

»Nicht in der ersten Begeisterung für das Mönchsleben, sondern durch Bewährung im klösterlichen Alltag und durch die Hilfe vieler hinreichend geschult, haben sie gelernt, gegen den Teufel zu kämpfen.« Benediktusregel 1,3-5

Aus dieser Regel spricht ein herzhaftes Misstrauen gegen den Erstlingseifer. Es ist vergleichsweise leicht, als Novize die größten und schwersten Dinge auf sich zu nehmen. Nach 30 oder 50 Jahren wird der gereifte Bruder vieles anders sehen und über manche Übertreibung vielleicht den Kopf schütteln oder sie im besten Fall als liebenswerte Jugendverirrung abtun. Das geistliche Leben ist ein Langstreckenlauf, kein Sprint. Und das gilt nicht nur im Kloster.

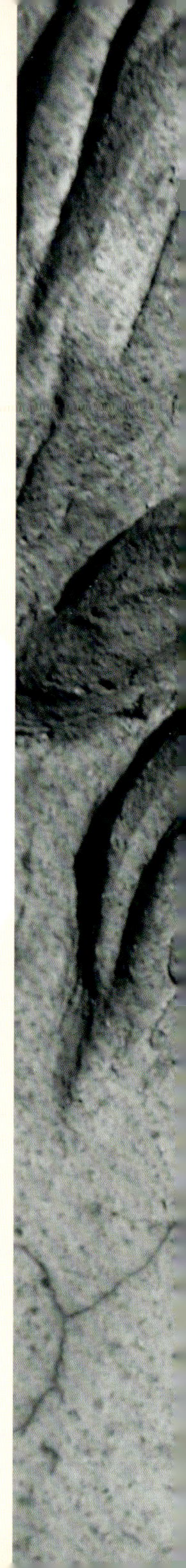

KÄMPFEN

»Wir müssen unser Herz und unseren Leib zum Kampf rüsten, um den göttlichen Weisungen gehorchen zu können.«
Benediktusregel Prolog 50

Die alte Mönchsregel benutzt immer wieder das Bild vom Kampf: Kampf gegen den Teufel, Kampf gegen den Eigenwillen, Kampf unter Regel und Abt. Zu jedem Kampf gehören Selbstdisziplin und Ordnung, vor allem aber auch Furchtlosigkeit: Den tiefsten Konflikten, und das sind oft die in der eigenen Seele, kann kein Mensch ausweichen. Die alten Mönche sprechen vom Kampf gegen die Dämonen. Unseren Dämonen nicht hilflos ausgeliefert sein, sondern ihnen mutig und gerüstet entgegentreten – darum geht es.

SIE SIND NICHT BESSER

»Dann: nicht töten. Nicht die Ehe brechen. Nicht stehlen.«
Benediktusregel 4,3-5

Wer mit dem Mönchtum nicht vertraut ist, staunt vielleicht, dass die Zehn Gebote in der Regel noch einmal wiederholt werden. Ist das wirklich nötig? Auch Mönche bleiben zutiefst menschlich. Wo würde das offensichtlicher als im engen Zusammenleben im Kloster. Bei den Mönchen gibt es weniger Standesdünkel, als viele meinen. Immer wieder blicken Mönche in die Abgründe ihrer eigenen Seele und die der anderen.
Die eigene Bekehrung muss stets neu ansetzen und oft beim ganz Grundsätzlichen. Das gilt sicher nicht nur für die Mönche im Kloster, sondern für jeden Menschen.

WAS WIRKLICH ZÄHLT

»Wird aber einer von den Handwerkern des Klosters überheblich, weil er sich auf sein berufliches Können etwas einbildet und meint, er bringe dem Kloster etwas ein, werde ihm seine Arbeit genommen. Er darf sie erst wieder aufnehmen, wenn er Demut zeigt und der Abt es ihm von Neuem erlaubt.« Benediktusregel 57,2-3

Mit dieser harten Norm tun sich die Äbte oft schwer. Der stolze Mitbruder hat meist wenig Einsicht, gerade wenn er wirklich gut ist. Und das Kloster braucht die produktiven Brüder – andere gibt es überall schon reichlich. Doch die Regel ist bindend. Selbst die beliebte Ausflucht »Damit man den Armen etwas geben kann« ist kein Ausweg. Seelenheil kommt vor Profit. Überheblichkeit ist auch außerhalb der Klostermauern keine kluge Strategie. Und »Profit über alles« ebenfalls nicht.

WEG ZUR FREIHEIT

»Die sechste Stufe der Demut: Der Mönch ist zufrieden mit dem Allergeringsten und Letzten.« Benediktusregel 7,49

Angesichts der kulturellen Höchstleistungen der Klöster in den vergangenen Jahrhunderten ist es kaum glaublich, dass die Mönche immer nur das Allergeringste und Letzte angestrebt haben. Der Schlüssel zum Verständnis dieser Demutsstufe und eigentlich zum ganzen Leben liegt deshalb auch nicht im Minderwertigen, sondern im Streben nach Zufriedenheit. Ein Mensch, der sich auf die edlen Dinge des Lebens versteht, aber dennoch zufrieden bleiben kann, wenn einmal nur sehr Mittelmäßiges verfügbar ist, hat innere Freiheit erlangt.

MUT ZUR LÜCKE

»Davon, dass nicht die ganze Beobachtung der Gerechtigkeit in dieser Regel enthalten ist.« Benediktusregel 73, Überschrift

Manche zwanghafte Novizen sind einigermaßen enttäuscht, wenn sie nach einiger Zeit im Kloster feststellen, dass nicht alles genau festgelegt ist. Etliche Eigenwilligkeiten werden zu ihrem Verdruss nicht geahndet und manches ist beliebig: Man kann es so oder so machen. Ein Kloster ist, entgegen der landläufigen Meinung, nichts für Zwangsneurotiker. Im letzten Kapitel seiner Regel weist der heilige Benedikt explizit auf ihre Unvollständigkeit hin. Er nennt ein paar wichtige Bücher und verweist dann auf die ganze Weisheit der christlichen Literatur.

Den geistlichen Weg muss sich jeder Mensch selber bahnen, zum Glück nicht allein, aber doch auf eigene Verantwortung.

DAS SCHMIERÖL DER GEMEINSCHAFT

»Diesen Eifer sollen also die Mönche mit glühender Liebe in die Tat umsetzen, das bedeutet: Sie sollen einander in gegenseitiger Ehrerbietung zuvorkommen; ihre körperlichen und charakterlichen Schwächen sollen sie mit unerschöpflicher Geduld ertragen.«
Benediktusregel 72,3-5

Diese Zeilen fast am Schluss der Regel sind eine große Summe des Ganzen, eine Art Testament. Es geht nicht mehr um diese oder jene Vorschrift, sondern um den guten Eifer, der das Leben mit anderen von innen her erstrahlen lässt. Die Ehrerbietung und das gegenseitige Zuvorkommen machen das Gemeinschaftsleben geschmeidig, nicht nur damit es rund läuft, sondern weil dadurch das Wesentlichste zum Ausdruck kommt: Wir sind zum gleichen Ziel unterwegs. Damit diese Betrachtung nicht im Unverbindlichen bleibt, kommt noch ein Schuss Realismus hinzu: die körperlichen und charakterlichen Schwächen, die es zu ertragen gilt. Jeder Mensch bedarf der Rücksichtnahme und der Zuwendung und sie zu geben, gehört ebenfalls zum Menschein – auch wenn es viel Geduld erfordert.

VOM ENDE HER BETRACHTET

»Den unberechenbaren Tod täglich vor Augen haben.«
Benediktusregel 4,47

Diese Regel klingt zunächst morbide. In der Malerei der Romantik wurde wegen dieses und ähnlicher Zitate der Totenschädel zur unverzichtbaren Requisite für jede Mönchszelle. Es geht in dieser Mahnung jedoch nicht um Sehnsucht nach dem Tod oder seine Verklärung, sondern – eigentlich im Gegenteil – darum, das Leben auszuleben. Ähnlich heißt es im Johannesevangelium (12,35): »Lauft, solange ihr das Licht des Tages habt.« Gemeint ist: Dieses Leben ist kurz und kann sehr schnell zu Ende sein. Nutzt es, schöpft es aus, erfüllt es mit Liebe!

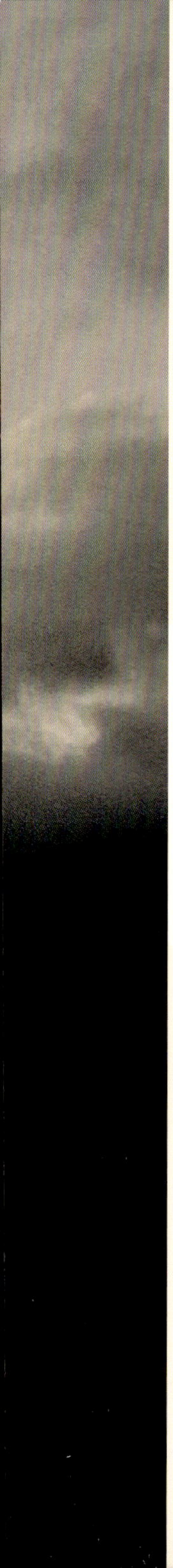

SCHEITERN EINGEPREIST

»Und an Gottes Barmherzigkeit niemals verzweifeln.«
Benediktusregel 4,74

Das vierte Kapitel der Benediktinerregel enthält nach einer langen Liste lapidarer Vorschriften diesen Hinweis auf Gottes Barmherzigkeit. 73 kluge und tiefschürfende Gebote – das ist ein Ansporn, aber für manche auch eine Entmutigung. Dass Scheitern zum Leben dazugehört und dass dieses Scheitern kein Grund zur Verzweiflung ist, darauf weist tröstend dieser Abschluss hin. Das Wiederaufstehen nach dem Fall, der Neubeginn nach der Niederlage, die Bekehrung nach der Verfehlung – das gehört zum Leben der Mönche und zum Leben aller Menschen dazu. Es macht stärker, nicht schwächer.

HERZHAFTER REALISMUS

»Als Cellerar des Klosters werde aus der Gemeinschaft ein Bruder ausgewählt, der weise ist, reifen Charakters und nüchtern. Er sei nicht maßlos im Essen, nicht überheblich, nicht stürmisch, nicht verletzend, nicht umständlich und nicht verschwenderisch.«

Benediktusregel 31,1

Das sind die Anfangsworte des Kapitels über den Verwalter des Klosters, das viele für das schönste der gesamten Regel halten. Hier wird das Bild eines Menschen gezeichnet, der sein wichtiges Amt mit großer Umsicht und Humanität erfüllt im Wissen um die Schwächen der Einzelnen und zugleich in der Sorge für das große Ganze: eine christliche Verantwortungslehre.

Die Tugenden, die vom Cellerar gefordert werden, sind weit über das Kloster hinaus anwendbar. Glücklich, wer so einen Vorgesetzten oder Geschäftspartner hat.

GLÜCK?

»Niemand soll verwirrt und traurig werden im Hause Gottes.«
Benediktusregel 31,19

Den Mönchen wird nicht versprochen, dass sie im Kloster glücklich werden. Das wäre zu vollmundig, ein ungedeckter Scheck. Denn Glück ist schwer zu erhaschen; wer es anstrebt, blickt zu sehr aufs Eigene und verfehlt es fast notwendig. Ein realistischeres Ziel ist, Unglücklichsein und Traurigkeit zu verhindern. Im Kloster wird das dem Abt und dem Verwalter ins Aufgabenbuch hineingeschrieben: Niemand soll traurig werden. Wenn das gelingt, ist schon sehr viel erreicht. Das mag nach rechter Bescheidenheit klingen, nach Zufriedengeben mit Mittelmaß. Doch die Regel fordert immer noch Großes: Niemand soll traurig werden.

HORCH, WAS KOMMT VON DRAUSSEN REIN?

»Alle Fremden, die kommen, sollen aufgenommen werden, als ob sie Christus wären; denn er wird sagen: ›Ich war fremd und ihr habt mich aufgenommen.‹ … Man verneige sich, werfe sich ganz zu Boden und verehre so in ihnen Christus, der in Wahrheit aufgenommen wird.« Benediktusregel 53,1.75

In der turbulenten spätantiken Welt der Völkerwanderungszeit war das Kloster keine abweisende Trutzburg, sondern eher ein sicherer Hafen, ein Asyl-Ort. Fremde wurden dort Gäste. Die Regel zeichnet den Gast als Menschen, in dem die Mönche Christus erkennen können. Der Glaube bewahrheitet sich nicht nur im längst Gewohnten und Alltäglichen. Gerade durch das Neue, von außen Kommende wird die Herausforderung des Evangeliums konkret. Sie fordert und sie beschenkt.

EN LA IGLESIA

AUTHENTIZITÄT

»Ihrem Abt seien sie in aufrichtiger und demütiger Liebe zugetan.« Benediktusregel 72,10

Der Begriff »Liebe« ist in der Kirche wohlfeil. Man spricht so viel von ihr, dass das Wort schon hohl klingt, nur mehr Fassade oder Heuchelei. Unaufrichtige Liebe aber braucht und will keiner. Die beiden Adjektive »aufrichtig« und »demütig« erinnern daran: Ehrlichkeit erweist sich in der Demut und Demut wirkt nur, wenn sie mit Aufrichtigkeit gepaart ist. Oder in anderen Worten: Echte Zuwendung nimmt den anderen wichtig und wahrer Respekt bedeutet mehr als gleichgültiges Tolerieren. Wenn Menschen einander so begegnen, bereichert das alle und manchmal ist das richtige Wort dafür: Liebe.

JEDEM DAS SEINE

»Man halte sich an das Wort der Schrift: ›Jedem wurde so viel zugeteilt, wie er nötig hatte.‹ Damit sagen wir nicht, dass jemand wegen seines Ansehens bevorzugt werden soll, was ferne sei. Wohl aber nehme man Rücksicht auf Schwächen. Wer weniger braucht, danke Gott und sei nicht traurig. Wer mehr braucht, werde demütig wegen seiner Schwäche und nicht überheblich wegen der ihm erwiesenen Barmherzigkeit.« Benediktusregel 34,1-4

Gleiches Recht für alle«, das gilt im Kloster nicht. In dieser protokommunistischen Lebensform soll jeder nach seinen Bedürfnissen versorgt werden. Doch wie lässt sich verhindern, dass der Einzelne das ausnutzt? Was anderswo ein Statussymbol wäre, eine Vorzugsbehandlung oder besondere Privilegien, gilt im Kloster eher als ein Zeichen der Schwäche, die man den Bedürftigen großzügig zugesteht. Das Maß der eigenen Bedürfnisse ist kein Grund zu Stolz oder zu Zerknirschung. Zufrieden und mit sich selbst im Einklang ist, wer seinen Bedürfnissen entsprechend lebt. Und zufriedene Menschen können auch anderen deren Bedürfnisse zugestehen.

MASSHALTEN

»In seinen Befehlen sei der Abt vorausschauend und besonnen. Bei geistlichen wie bei weltlichen Aufträgen unterscheide er genau und halte Maß. Er denke an die maßvolle Unterscheidung des heiligen Jakob, der sprach: ›Wenn ich meine Herden unterwegs überanstrenge, werden alle an einem Tag zugrundegehen.‹ Diese und andere Zeugnisse maßvoller Unterscheidung, der Mutter aller Tugenden, beherzige er. So halte er in allem Maß, damit die Starken finden, wonach sie verlangen, und die Schwachen nicht davonlaufen.« Benediktusregel 64,17-19

Schon Papst Gregor der Große hatte erkannt, dass die besondere Qualität der Benediktinerregel in der Mäßigung besteht. Unter dem lateinischen Namen »Discretio« ist dieses maßvolle Unterscheiden zu einem Leitmotiv der abendländischen Spiritualitätsgeschichte geworden. Mag die Maßlosigkeit manchmal auch locken – Exzesse und Übertreibungen helfen niemandem weiter. Ordnung und Barmherzigkeit, Disziplin und Mäßigung bilden einen Rahmen, der dem Leben des Einzelnen und der Gemeinschaft dient.

DIE KLEIDUNG DER BRÜDER

»Über Farbe oder groben Stoff der Kleidungsstücke sollen sich die Mönche nicht beschweren; man nehme alles so, wie es sich in der Gegend, wo sie wohnen, findet, oder was man billiger kaufen kann. Der Abt sorge aber für das rechte Maß, dass die Kleider nicht zu kurz sind, sondern denen, die sie tragen, passen.«

Benediktusregel 55,7-8

Manche Mönchsregeln aus neuerer Zeit kommen über allgemeine spirituelle Erwägungen nicht hinaus, als hätten sie Angst vor der Konkretisierung; andere regulieren den Alltag allzu detailliert, sodass sie sich bei Veränderungen schnell als unbrauchbar erweisen. Benedikt balanciert eine flexible Gleichgültigkeit, die sich anpassen kann, mit dem unverrückbaren Prinzip der Würde des Einzelnen aus, der nicht der Lächerlichkeit unpassender Kleidung ausgesetzt werden soll. Flexibilität und Feststehendes in Einklang zu bringen ist echte Lebenskunst – nicht nur im Kloster.

MACHTAUSÜBUNG

»Der Cellerar gebe den Brüdern das festgesetzte Maß an Speise und Trank ohne jede Überheblichkeit oder Verzögerung, damit sie nicht Anstoß nehmen. Er denke daran, was nach Gottes Wort der verdient, der einem von den Kleinen Ärgernis gibt.«

Benediktusregel 31,16

»Wer schnell gibt, gibt doppelt«, sagt eine alte römische Spruchweisheit. Unbegründete Verzögerungen erzeugen ein Gefühl der Ohnmacht, das demoralisiert. Vorkommen kann das überall, wo einer vom anderen abhängt. Deshalb schärft Benedikt seinem Cellerar ein, die Mahlzeiten ja ohne Verzögerung auszugeben. Mag sein, dass große Geister souverän mit Hingehaltenwerden und Vertröstungen umgehen können. Aber auch die kleinen Geister verdienen es, nicht betrübt zu werden.

ARBEIT

»Wenn es die Ortsverhältnisse oder die Armut fordern, dass sie die Ernte selber einbringen, sollen sie nicht traurig sein. Sie sind dann wirklich Mönche, wenn sie wie unsere Väter und die Apostel von ihrer Hände Arbeit leben. Alles aber geschehe der Kleinmütigen wegen maßvoll.« Benediktusregel 48,8

Diese Regel stammt aus einer Zeit, in der man kaum über Arbeit gesprochen hat. Arbeit war eigentlich Sklavensache. Im Kloster Benedikts aber spielt Arbeit eine wichtige Rolle, und zwar so sehr, dass man später die gesamte Regel mit ihren 73 Kapiteln unter der Formel »Bete und arbeite!« zusammengefasst hat. Arbeit ist nicht nur notwendiges Übel, sie ist Mitwirkung an der Schöpfung und sie gibt dem Leben eine Würde aus Wahrhaftigkeit. Spiritualität, die sich nicht mit der Herkunft des Lebensunterhalts beschäftigt, hat keinen Boden unter den Füßen. Getane Arbeit macht zufrieden – und »wirklich«.

WEITES HERZ

»Wer aber im klösterlichen Leben und im Glauben fortschreitet, dem wird das Herz weit und er läuft in unsagbarer Süßigkeit der Liebe den Weg der Gebote Gottes.« Benediktusregel Prolog 49

Glück mag kein realistisches Lebensziel sein. Aber dass sich das Herz allmählich weitet, dafür kann man etwas tun: durch das geduldige Einüben des Guten, das jeden Tag von uns gefordert wird, und durch ein tieferes Eindringen in den Glauben, der uns die Liebe Gottes aufschließt. Benedikt, den man sich wohl als einen ernsten Menschen vorstellen darf und dessen Sprache ohne große Emotionalität auskommt, wird hier fast überschwänglich: Eigentlich ist alles ganz leicht, wenn man sich einmal wirklich auf den Weg gemacht hat.

VON VORN BIS HINTEN

»In diesen Tagen der Fastenzeit erhält jeder ein Buch aus der Bibliothek, das er von Anfang bis Ende lesen soll.«
Benediktusregel 48,15

Wahrscheinlich gab es schon bei den mittelalterlichen Mönchen den »Zapper«, den Mönch, der in der Bibliothek von Kodex zu Kodex geht, sich nirgendwo lange aufhält und oberflächliche Leseblüten sammelt, statt einen Gedankengang bis in seine Tiefen hinein zu verfolgen. Die Fastenzeit, diese 40 Tage der Vorbereitung auf das Osterfest, bietet die Chance, wieder die Disziplin einzuüben, die für das richtige Lesen notwendig ist: ein Buch als geistiges Abenteuer, anzugehen mit Geduld und der Bereitschaft zur Ausdauer, vom Anfang bis zum Ende.

Für die Zitate wurde die deutsche Übersetzung der Benediktusregel verwendet, die 2013 von der Salzburger Äbtekonferenz herausgegeben wurde. An einigen Stellen hat der Autor diese Übersetzung enger ans lateinische Original geführt.

Bildnachweis:

Cover: Xavier Fargas/Shutterstock.com (Kreuzgang der Kathedrale Nuestra Señora de la Asunción in Santander, Spanien); Seite 2 oben: roberaten/Shutterstock.com (Kloster St. Domingo, Burgos, Spanien); Seite 2 oben links: Ivoha/Shutterstock.com (Abtei Fontenay, Frankreich); Seite 2 Mitte: Mauritius Images/adam eastland/Alamy (Kloster Santa Chiara, Neapel, Italien); Seite 2 Mitte rechts: Evgeny Kuzhilev/Shutterstock.com (Kloster von Meteora, Griechenland); Seite 2 unten links: Takashi Images/Shutterstock.com (Kloster von Mont-Saint-Michel, Frankreich); Seite 2 unten rechts: Marcel Bakker/Shutterstock.com; Seite 4-5: Takashi Images/Shutterstock.com (Kloster von Mont-Saint-Michel, Frankreich); Seite 6: Frank Fischbach/Shutterstock.com (Bibliothek im Kloster Strahov, Prag, Tschechien); Seite 7: Mauritius Images/Udo Bernhart (Klosterbibliothek in Stift Stams, Österreich); Seite 8: MEgo-studio/Shutterstock.com (Kathedrale in Lissabon, Portugal); Seite 9: Mauritius Images/Hemis.fr/LEMAIRE Stéphane (Kloster von Mont-Saint-Michel, Frankreich); Seite 10: Monphoto/Shutterstock.com; Seite 11: Mauritius Images/Avalon/Robin Vandenabeele (Convento dos Capuchos Sintra, ursprünglich Konvent von Santa Cruz, Sintra, Portugal); Seite 12: Joseph Sohm/Shutterstock.com (Kloster Santa María in La Rábida in Palos de la Frontera, Spanien); Seite 13: germip/Shutterstock.com; Seite 14: Jastrow/Wikimedia Commons (Kosmatenmosaik in Santa Maria Maggiore, Rom, Italien); Seite 15: Mauritius Images/robertharding/Marco Simoni (Kreuzgang der Kathedrale von Monreal, Palermo, Sizilien); Seite 16: Mauritius Images/imageBROKER/Alessandra Sarti (Zisterzienserabtei Abbaye Notre-Dame de Sénanque, Gordes, Frankreich); Seite 17: Pieter Roovers/Shutterstock.com; Seite 18-19: roberaten/Shutterstock.com (Kloster St. Domingo, Burgos, Spanien); Seite 20: Christophe Cappelli/Shutterstock.com (Decke der Kathedrale von Norwich, Großbritannien); Seite 21: Mauritius Images/imageBROKER/Martin Siepmann (Kreuzgang an der Stiftskirche, Feuchtwangen, Deutschland); Seite 22: Mauritius Images/age fotostock/Romain Vila (La Grande Chartreuse, die Große Kartause, Saint-Pierre-de-Chartreuse, Frankreich); Seite 23: Mauritius Images/Chico Sanchez/Alamy; Seite 24: Alextype/Shutterstock.com; Seite 25: Mauritius Images/Photononstop/Godong (Griechische Mönche auf dem Berg Athos); Seite 26: Mauritius Images/Keystone/Gaetan Bally; Seite 27: Maxim Catana/Shutterstock.com; Seite 28: Mauritius Images/Keystone/Gaetan Bally; Seite 29: Mauritius Images/age fotostock/Marcelino Ramírez (Kloster San Jerónimo de Yuste, Cuacos de Yuste, Spanien); Seite 30: Mauritius Images/Christian Bäck (Kloster Eberbach, Eltville, Deutschland); Seite 31: EcoFilms Georgia/Shutterstock.com (Weinberge des Alawerdi-Klosters, Georgien); Seite 32-33: Ivoha/Shutterstock.com (Abtei Fontenay, Frankreich); Seite 34: Roberto Binetti/Shutterstock.com (Kloster Certosa di Pavia, Pavia, Italien); Seite 35: nsun41/Shutterstock.com; Seite 36: Iakov Filimonov/Shutterstock.com; Seite 37: Be Good/Shutterstock.com; Seite 38: Mauritius Images/Hemis.fr/LEMAIRE Stéphane (Kloster von Mont-Saint-Michel, Frankreich); Seite 39: Juan Enrique del Barrio/Shutterstock.com (Real Monasterio de Nuestra Señora de Guadalupe, Königliches Kloster Unserer Frau von Guadalupe, Spanien); Seite 40: Mauritius Images/imageBROKER/Bernd Zoller (Kloster Andechs, Deutschland); Seite 41: Mauritius Images/imageBROKER/hwo (Klosterkirche der Benediktinerabtei Münsterschwarzach, Deutschland); Seite 42: Mauritius Images/Udo Bernhart (Brüder in Stift Stams, Österreich); Seite 43: Anastazzo/Shutterstock.com; Seite 44: Diego Fiore/Shutterstock.com (Franziskanerkloster in Dubrovnik, Kroatien); Seite 45: Mauritius Images/age fotostock/Xavier Forés & Joana Roncero (Reial Monestir de Santa Maria de Santes Creus, Königliches Kloster der Heiligen Maria von den Heiligen Kreuzen, Aiguamúrcia, Spanien); Seite 46: joan_bautista/Shutterstock.com (Kloster Sant Pau del Camp, Barcelona, Spanien); Seite 47: Mauritius Images/Markus Lange (Kloster Maulbronn, Deutschland); Seite 48: Lvaleriy/Shutterstock.com; Seite 49: maya333/Shutterstock.com (Franziskanerkloster in Dubrovnik, Kroatien); Seite 50: Mauritius Images/Rene Mattes (Kloster Neamţ, Rumänien); Seite 51: Mauritius Images/Novarc (Kreuz in der Abtei Marienmünster bei Höxter, Deutschland); Seite 52: davide versaci/Shutterstock.com; Seite 53: Martin Muránsky/Dreamstime.com;

Seite 54: Dirk Ott/Shutterstock.com; Seite 55: Mauritius Images/Nora Frei; Seite 56-57: MarcelBakker/Shutterstock.com; Seite 58: Mauritius Images/robertharding/Godong; Seite 59: Mauritius Images/imageBROKER/Martin Siepmann (Klosterkirche St. Markus, Kloster Sießen, Bad Saulgau, Deutschland); Seite 60: Mauritius Images/Alexei Fateev/Alamy (Refektorium im Convento de Cristo, Christuskloster, Tomar, Portugal); Seite 61: Mauritius Images/Udo Bernhart; Seite 62: Mauritius Images/rosmi duaso/Alamy; Seite 63: Mauritius Images/age fotostock/Toéo Labra (Convento de San Juan Evangelista, Mexiko); Seite 64: Romas_Photo/Shutterstock.com (Kloster San Nicolò l'Arena, Catania, Italien); Seite 65: Mauritius Images/AR Photo/Alamy (Benediktinerabtei Santa Maria de Montserrat, bei Barcelona, Spanien); Seite 66 oben: Mauritius Images/Brian & Eileen Anderson/Alamy; Seite 66 unten: Mauritius Images/Roger Hutchings/Alamy; Seite 67: Mauritius Images/age fotostock/Xavier Forés (Reial Monestir de Santa Maria de Santes Creus, Königliches Kloster der Heiligen Maria von den Heiligen Kreuzen, Aiguamurcia, Spanien); Seite 68-69: Mauritius Images/age fotostock/Luis Davilla; Seite 70: roibu/Shutterstock.com (Kloster Haghpatavank, Haghpat, Armenien); Seite 71: Mauritius Images/age fotostock/Christophe Boisvieux; Seite 72: Marcel Bakker/Shutterstock.com (Abtei Santa María de Viaceli, Cóbreces, Spanien); Seite 73: Mauritius Images/Udo Bernhart (Urkundenarchiv in Stift Stams, Österreich); Seite 74: Mauritius Images/imageBROKER/Daniel Schoenen (Convento di Sant'Agostino, Genua, Italien); Seite 75: Mauritius Images/imageBROKER/Christian Handl (Kloster Colegiata de Santa Juliana, Santillana del Mar, Spanien); Seite 76: Mauritius Images/imageBROKER/Markus Lange (Kloster Maulbronn, Deutschland); Seite 77: Mauritius Images/Bildarchiv Monheim GmbH/Alamy (Basilika St. Emmeram, Regensburg, Deutschland); Seite 78-79: Mauritius Images/adam eastland/Alamy (Kloster Santa Chiara, Neapel, Italien); Seite 80: Mauritius Images/Paul Dymond/Alamy (Benediktinerabtei Santa Maria de Montserrat, bei Barcelona, Spanien); Seite 81: Mauritius Images/Ian Dagnall/Alamy (Benediktinerabtei bei der Durham Cathedral, Durham, Großbritannien); Seite 82: Mauritius Images/Ian Kingsnorth/Alamy; Seite 83: travelview/Shutterstock.com (Statue im Klostermuseum, New York, USA); Seite 84: Mauritius Images/Zoonar GmbH/Alamy (Klostergarten der Abtei Sainte-Marie de Valmagne, bei Villeveyrac, Frankreich); Seite 85: Mauritius Images/Chico Sanchez/Alamy; Seite 86: gumbao/Shutterstock.com (Kloster Mosteiro de Santa Maria da Vitória, Batalha, Portugal); Seite 87: Mauritius Images/Hemis.fr/RIEGER Bertrand/hemis.fr (Kloster Mosteiro dos Jerónimos, Lissabon, Portugal); Seite 88: Annette Ducasse/Shutterstock.com (Abtei Saint-Paul-de-Mausole, Saint-Rémy-de-Provence, Frankreich); Seite 89: Mauritius Images/robertharding/Godong; Seite 90: Naeblys/Shutterstock.com (Zisterzienserkloster der Heiligen Maria von Alcobaça, Alcobaça, Portugal); Seite 91: Mauritius Images/Photononstop/Alamy; Seite 92: Mauritius Images/Tetra Images; Seite 93: Mauritius Images/Travel Collection/Hänel, Gerald (Abtei San Paolo fuori le Mura, Rom, Italien); Seite 94: Evgeny Kuzhilev/Shutterstock.com (Kloster von Meteora, Griechenland)

www.herder.de

Gestaltung und Satz: HildenDesign, München

Druck: Polygraf Print, Prešov
Gedruckt auf umweltfreundlichem, chlorfrei gebleichtem Papier
Printed in Slovakia

ISBN 978-3-451-37879-9